* HAFENKLÄNGE *

Herstellung und Verlag:
Books on Demand GmbH, Norderstedt
ISBN: 978-3-8391-7264-3

HAFENKLÄNGE

Eine Dichtkunst-Anthologie aus Europa

world internet books

duisburg/rhein - antwerpen

Havenklanken - Hafenklänge - Sounds of Harbour
INHOUD/INHALT/TABLE OF CONTENTS

1
Drijfhout - Treibgut

Wilfried Bienek
Nooit zonder haven 8
Nie ohne Hafen 9

Fred Schywek
Als men niets heeft 10
Wenn man nichts hat 11

Annmarie Sauer
Verzadigd water... 14
Brach Wasser 15

Roger Nupie
De inscheping 16
Die Einschiffung 17

Peter Holvoet-Hanssen
Zoutkrabber Expedities 18
Salzkratzer Expeditionen 19

Job Degenaar
Wat avond met een haven doet 22
Was Abend mit einem Hafen tut 23

2
Tij - Gezeit

Charles Kléber Cyclus in 48 regels 24
Ein Zyklus in 48 Zeilen 25

3
Haveneiland - Hafeneiland

Wilfried Bienek
Land 30
Land 31

Annmarie Sauer
De scheepsherstellers 32
Die Schiffsbaujungs 33

Roger Nupie
TO THE LIGHTHOUSE 34
ZUM LEUCHTTURM 35

Job Degenaar
Pelsaert verlaat de rede van Texel (28.X.1628) 36
Pelsaert verläßt den Kai von Texel (28. Oktober 1628) .. 37

Fred Schywek
De eeuwige zee 38
Die ewige See 39

Peter Holvoet-Hanssen
Vrijbrief 40
Freibrief 41

English translation
Sounds of Harbour

1
Driftwood

Wilfried Bienek Never without harbour 45
Fred Schywek When one has nothing 46
Annmarie Sauer Saturated water 48
Roger Nupie Embarkation 49
Peter Holvoet-Hanssen Saltscraper Expeditions 50
Job Degenaar What evening does to a harbour 52

2
Tide

Charles Kléber Cycle in 48 lines 53

3
Harbour Island

Wifried Bienek Land 56
Annmarie Sauer The ship repairers 57
Roger Nupie TO THE LIGHTHOUSE 58
Job Degenaar Pelsaert leaves the quay of Texel 59
Fred Schywek The eternal sea ....,,, 60
Peter Holvoet-Hanssen Charter 61

Opmerkingen/Anmerkungen/Remarks 62
Bios & Biblios 64

1
Drijfhout - Treibgut

Nooit zonder haven

Zonder haven wisten schepen niet waarheen.

Toegang van water tot land, van zee tot 't thuis.
Grauwe wallen van de stad. Thuis achter kaaien. De vaste burcht.
De havenstad uit mensen aan levenslange ankers.

Stinkend staat de vis in 't water, ruikt nooit zichzelf.
Meeuwen vissen uit troebele wasem, spoken achter schepen.
Na elke zondvloed laagtij met nieuwe bemanning.

Ratten blijven, maar mensen zinken van boord in de bodem;
De zeeman hijst zijn bruiden naast het schip. Dan blaast hij aan
de storm in harten, die noch niet kloppen, voor weldra.

Neem me mee Kapitein op container. Verzadigt de haven
niet allen? Stomme machines. Mensen onder stoom. Schepen
met hemelbedden en moordtuig portvrij Villa Kakelbont.

Gene zijde of langszij. Wie niet wil vergaan, gaat
onder mensen en wie wil dito. Verzekerde Robinsons wachten
op Vrijdag die nooit verlaat wat hij is: een eiland.

Zonder haven wisten schepen niet waarheen.

Nie ohne Hafen

Ohne Hafen wüssten Schiffe nicht wohin.

Zugang von Wasser zu Land, von Meer zum Zuhaus.
Grauer Städte Mauern. Zuhaus hinter Kais. Die feste Burg.
Die Hafenstadt aus Menschen an lebenslangen Ankern.

Stinkend steht der Fisch im Wasser, riecht nie sich selbst.
Möwen fischen aus trübem Dunst wie Gespenster nach ihren
Schiffen. Nach jeder Sintflut Ebbe mit neuer Besatzung.

Ratten bleiben, doch Menschen sinken von Bord in den Boden.
Der Seemann hisst seine Bräute neben dem Schiff. Dann facht
er an den Sturm in Herzen, die noch nicht schlagen, für bald.

Nimm mich mit Kapitän auf Container. Macht nicht der Hafen
alle satt? Stumme Maschinen. Menschen unter Dampf. Schiffe
mit Himmelbetten und Tötungsgerät frei Villa Kunterbunt.

Jenseits oder Längsseits. Wer nicht untergehen will, geht
unter Menschen und wer will dito. Versicherte Robinsons warten
auf Freitag der niemals verlässt, was er ist: eine Insel.

Ohne Hafen wüssten Schiffe nicht wohin.

Wilfried Bienek

Als men niets heeft
(voor Brel en Mega)

Vandaag was de dood thuis bij mij
toebedeeld in zelf en rook
hierheen geschreeuwd door een angst
geroepen door de fluit op de plank

vandaag zingen de engelen voor 't eerst
de tijd binnen van de grote poort

Vandaag waren we aan de haven
zagen vliegend stinkend vis

zagen lichamen in de stroom
zagen donker water zonder genade

Vandaag is een vriend gestorven
vandaag is vandaag dood

waren wij aan zee
braken golven zoals we vroeger deden

zongen de liederen van de dronkenlappen
rode wijn in de keel

Vandaag is als men niets heeft
als de vogel de beer je moeder nooit was
in het knetteren van de stervende vlam
in het trommelen van Zwarte Hans

Wenn man nichts hat
(für Brel und Mega)

Heute war der Tod bei mir zu Haus
aufgeteilt in selbst und Rauch
geschrien hierher durch eine Angst
gerufen von der Flöte auf dem Brett

heute singen die Engel zum erstenmal
die Zeit herein vom großen Tor

Heute waren wir am Hafen
sahen fliegend stinkend Fisch

sahen Körper im Fluß
sahen dunkle Wasser ohne Gnade

Heute ist ein Freund gestorben
heute ist heute tot

waren wir an der See
brachen Wellen wie wir es früher taten

sangen die Lieder der Trunkenbolde
roten Wein am Hals

Heute ist wenn man nichts hat
wenn der Vogel der Bär deine Mutter nie gewesen
im Knistern der sterbenden Flamme
im Trommeln des schwarzen Hans

de beelden van vroege dansen
vandaag is de dood te gast
en heeft voor zich meegenomen
te vroeg &
zonder genade
zonder muziek
zo luid als de koude stroom
daar boven

daar waren zomers
gewone wijde wegen

is het daarboven
toch de wereld

daar was kolensmurrie
daar was saxofoon
daar was

daar is iets
fout

als men niets heeft
dan het leven

die Bilder der frühen Tänze
heute ist der Tod zu Gast
und er hat sich genommen
zu früh &
ohne Gnade
ohne Musik
so kalt wie der kalte Fluß
da oben

da waren Sommer
gemeine weite Wege

ist es da oben
doch die Welt

da war Kohlenschmiere
da war Saxophon
da war

da ist etwas
falsch

wenn man nichts hat
außer das Leben

Fred Schywek

Verzadigd water
verzadigd zand
hoge & lage lucht
in elk land

De kesp van het gemoed
weerstaat aan eb & vloed
met Fender- & bolderkracht
wordt leed & kreet
verzacht

Ontsluiting van het hart
in zout & in zee
Colombus
Marco Polo
Vasco da Gamma
welk verhaal
bracht je mee
welke ziedende zucht
van harten verbrand
welk woord
in de taal van water
& zand

Brach Wasser
stinkend Sand
hohe und niedrig Luft
in jedem Land

Stützbalken des Gemüts
widerstehend der Ebbe der Flut
mit Wasser drückend ziehend Kraft
wird Leid und Schrei
besänftigt

Aufschließen des Herzens
im Salz und See
Kolumbus
Marco Polo
Vasco da Gama
welch Geschichte
brachtest du mit
welch siedendes Seufzen
aus Herzen verbrannt
welch Wort
in Sprache des Wassers
aus Sand

Annmarie Sauer

De inscheping

O zeebonk, zoek mij
bij de blinde passagiers,
bij de bevaren kapiteins
en de jonge schippers.

O zeemaat, scheep mij in,
ik wil bootje met u varen,
uw rivier bakenen,
uw vlag hijsen.

O zeegast, ik hoor
uw bootsfluit al,
ik zie uw scheepslantaarn,
ik voel u aan boord komen.

O zeeman, bevracht mijn schip
sla mijn schroef achteruit,
gooi mijn roer om,
voel mijn vrijgezellenknoop.

O zeerob, uw dekknecht
zal ik zijn.
En nu, alle hens,
ahoy, kies het zeegat!

Die Einschiffung

Oh Seebär, such' mich
bei den blinden Passagieren,
bei den erfahrenen Kap'täns
und den jungen Schiffern.

Oh Meermaat, schiff mich ein
Boot fahren will ich mit dir,
an eueren Fluß die Baken setzen,
eu're Flagge hissen.

Oh du Seekerl, ich höre schon
deinen Bootsmanns Pfiff,
ich sehe eu're Schiffslaterne
ich fühle euch kommen an Bord.

O Seemann, befrachte mein Schiff
schlag mein Schraubenwerk heraus,
werf mein Ruder um,
fühle meinen Junggesellenknopf.

Oh Seerobbe, dein Deckknecht
soll ich sein
und nun, alle Mann,
ahoi, wähl' die Pforte hinein in die See!

Roger Nupie

Zoutkrabber Expedities

groeien vast in tal en last (...) ay ga niet voort –
                                        bezwoer Vondel

de zee zag rood van de kwallen ze vielen de zalmen aan
het strand er spoelden verzen aan nee niet van mijn wrak
ik had gefaald zelfs geen flard melodie of iets om in de zon te
verdwijnen kwijt maar dit poëem beet zich vast in het zand
dit gespleten land vlakke brakke land maar haar wolkenpracht

de huid van het gedicht allergisch voor bepoteling
't zout parelde op de strofen ze zweeg *ik heet beynashmoshes*
zonder hoofdletter dus beynashmoshes moest de titel zijn
ik begreep haar niet maar dat was goed ik streelde haar
twee kwatrijnen ze schrok ik was haar stekende pijn
ze brak in mijn hand ik verbrokkelde met haar mee

haar lied een zwaan niet van ijs maar van sneeuw haar hals
zou splijten als ik zou turen in die ogen beynashmoshes
mijn verloren lied ontbrekend onthul uw drievoudige
symmetrie dat dacht ik dit is mijn laatste luchtweg *forgive me*
zong ik met de klaagstem van Antony en zij sprak
beitelend in mijn sepulcrum *concessio perpetua*
                                        grafvleugels afgehakt
beynashmoshes

beynashmoshes firt on di nakht.
khoyshekh es blit un umet fartrakht.
kemat nelm gevorn, di zun nokh hert
voyen dos harts az zi iz bagert.

Salzkratzer Expeditionen

wachsen fest in Sprache und Last ... äi geh nicht fort -
                                                    beschwor Vondel

die See lag rot von Quallen die fielen Lachse an
dem Strand da spülten Verse an nein nicht von meinem Wrack
ich war gescheitert selbst kein Fetzen Melodie oder
                              sowas um in der Sonne zu
verschwinden weg aber dieses Stück Dichtung
                              biß sich fest in den Sand
dieses gespaltene Land flaches versalzenes Land
                              aber ihre Wolkenpracht

die Haut des Gedichtes allergisch gegen Antasten
das Salz perlte auf die Strophen sie schwieg *ich heiße beynashmoshes*
ohne Großbuchstaben also beynashmoshes muß der Titel sein
ich verstand sie nicht aber das war gut ich streichelte ihre
zwei Vierzeiler sie erschrak ich war ihr stechender Schmerz
sie brach in meiner Hand ich bröckelte mit ihr mit

ihr Lied ein Schwan nicht von Eis doch von Schnee ihr Hals
soll splittern wenn ich sollte starren in die Augen beynashmoshes
meinem verlorenen Lied fehlend enthüllt eure dreifache
Symmetrie das dacht ich dies ist mein letzter Luftweg *forgive me*
sang ich mit der Klagestimme von Antony und sie sprach
einmeißelnd in meinen ewig genehmigten Liegeplatz
                              die Grabflügel weggekloppt
beynashmoshes

beynashmoshes firt on di nakht.
khoyshekh es blit un umet fartrakht.
kemat nelm gevorn, di zun nokh hert
voyen dos harts az zi iz bagert.

moreshkhoyredik, di levone vakht oyf.
hefker iz zi, dos benken hert oyf.
gor on a krekhts, di fintster nor hert
ziftsn dos harts az dos iz bashert.

beynashmoshes dankte ik maar ze greep me vast in rigor mortis –
zo vuurde een machinegeweer
                 op feestgedruis zo viel ik in die nacht

moreshkhoyredik, di levone vakht oyf.
hefker iz zi, dos benken hert oyf.
gor on a krekhts, di fintster nor hert
ziftsn dos harts az dos iz bashert.

beynashmoshes dankte ich aber sie griff mich fest
                                    schon steif von Tod –
so feuerte ein Maschinengewehr
                    ins Festgetöse so fiel ich in diese Nacht

Peter Holvoet-Hanssen

Wat avond met een haven doet

Gewichtloos glinsterwater
de havenlichten wiegen
vissersboten liggen
in blauw verankerd

Een man, roerloze reiger
zit in brons gegoten
in z'n hand een schepnet
waaruit geolied daglicht lekt

hij beweegt, haalt uit
een plons, maar niets
dan zijn silhouet met net
en het fronsen van de rivier

Zo leeg is het nu geworden
dat iemand sterren strooit
en het intiem rumoer me wenkt
dat uit verre bars bij vlagen aanwaait

Was Abend mit einem Hafen tut

Gewichtloses Flimmerwasser
die Hafenlichter wiegen sich
Fischerboote liegen
in Blau verankert

Ein Mann, ruderloser Reiher
sitzt in Bronze gegossen
in seiner Hand ein Käscher
woraus gut geöltes Tageslicht tropft

Er regt sich, schlägt zu
ein Klatsch, aber nichts
als sein Schattenriß mit Netz
und das Kräuseln, vom Fluß

So leer ist es jetzt geworden
daß jemand Sterne streut
und das intime Tosen mir winkt
aus fernen Bars bei wehenden Fahnen

Job Degenaar

2 Tij

nu Rilke in de wolken is maar landt
want Achmatova's branding is verzand
nu voor de fulpen stormboy en zijn griet
het zeegat in want niemand hoort hun lied

ach die A's hebben zich verbrand
schipper, schipper neem me mee
op deinende wolken en woedende zee
zing stormvogel een woordnest in 't verschiet

die metapher ist nie realität
smakt je tanden weg jij die op een viskop beet
ach, ja Rotterdam dat is mijn liefde
het nieuwe model een cirkel die jou ontriefde

Wat zouden zeeën zijn zonder havens?
Slechts mensenleeg en continenten utopie.
Wij zouden niet zijn het zout der aarde.
De meeuw is baas - de mensheid haas.

Geen haven of op haar grauwe kades broeien
onvervulde dromen: kom, scheep u in, ga mee
Geen drang zo diep in ons verankerd dan die
naar onbegrensde verten, de ruteloze zee

Zeewaardig ben ik, sleep mijn bark maar binnen,
keur mijn geile golvingen, mijn zoete zeedrift!
O zee, o zeeman, haal ik uw onmetelijke overkant
of verwijl ik voor eeuwig op 't voze vasteland?

Gezeit

1

nun da Rilken in den Wolken landet
wo Achmatovas Brandung grad versandet
nun für samten Sturmboy & seine Griet
die Seepforte in der Niemand hört ihr Lied

2

ach! die As haben sich verbrannt
Schiffer, Schiffer nimm mich mit & adé
auf wehende Wolken auf wütender See
sing Sturmvogel ein Wortnest in den neuen Raum

3

die metapher ist nie realität
schmatz dir die Zähne weg du Fischbegrät
ach, ja Rotterdam das ist meine Liebe
das neue Modell ein Zirkel und dir die Hiebe

4

Was wären Meere ohne Häfen?
Nur menschenleer und Kontinente Utopie.
Wir wären nicht das Salz der Erde.
Die Möve herrscht - die Menschheit nie.

5

Kein Hafen oder auf ihren grauen Kais brüten
unerfüllte Träume: kommt, schifft euch ein, geht mit
Kein Drang so tief in uns verankert wie der
nach unbegrenzten Fernen, das ruhelose Meer

6

Die See bin ich wert, schleppe meine Boje binnenrein
untersuch mein heißes Wellenwerk, meine süße Seedrift!
Oh See, oh Seemann, so hol ich eure unmessbare Oberkante
oder verweile ich auf ewig auf ausgemürbtem festen Land?

Kijk dan de storm in 't stille oog
van dit zo eindige uur als hij spreekt
de schepen schommelen jammerend voor de wind
de haven rust tot hij de muren breekt

In de slagschaduw van het schip
aangedaan op de kade staan
met waterlanders in de lentewind
woont de landrat in de overstroomde stad

Dijkbreuk is geen dichtersdoel, wel verhoogde
waterstand, want verzen moeten onrust baren
Stijg tot aan de lippen, zee, en kom weer tot bedaren:
wie nooit het tij gekeerd heeft, heeft niet geleefd

Hoe hijgt het heimwee nu ik aan land
geklonken ben! Amechtigheid alom!
Ach! Geeneens geen weidse wateren
meer die niet wijken wilden!

oneindige liefde heel diep in je grond
vriend van deze stralen van tijden met mond
dat is belangrijk jij meeuw dezer tij
repareer, hallo, toch je hersens terstond

nu voor de fulpen stormboy en zijn griet
het zeegat in want niemand hoort hun lied
blackbird blackbird blackbird schaduw van de wind
geen harpoen treft onze havenklankenkwint

7

Sieh nur dem Sturm ins ruhige Auge
in dieser so finiten Stunde wenn er spricht
die Schiffe schaukeln jammernd vor dem Winde
der Hafen ruht bis er die Mauern bricht.

8

Im Schlagschatten des Schiffs
aufgewühlt am Kaie stehend
mit Tränenrinnen im Frühlingswind
wohnt Landratte in überströmter Stadt

9

Deichbruch ist kein Dichterziel, doch hoher
Wasserstand, Verse müssen Unruhe gebären:
Steige bis an die Lippen, See komm wieder zur Ruh'
wer nie Gezeit gekehrt, der hat noch nicht gelebt

10

Wie japst das Heimweh nun ich an Land
geklunkert bin, Atemlosigkeit allüberall!
Ach ja! Keineinzig nicht weite Wasser
mehr die nicht weichen wollen!

11

unendliche Liebe. Ganz unten am Grund
ein Freund dieser Strahlen der Zeiten mit Mund
das ist wichtig du Möwe dieser Epoche
reparier, hallo, doch mal dein Hirn diese Woche

12

nun für samten Sturmboy & seine Griet
die Seepforte dort wo niemand hört ihr Lied
Blackbird oh blackbird Amsel Schatten von dem Wind
Keine Harpune soll treffen diese Hafenklänge Quint

Charles Kléber

3
Haveneiland - Hafeneiland

Land

Land. Land onder.
Land onder de voeten.
De vlucht ten einde.
De vaart voorbij.

Wij kruisen de armen,
van 't zwemmen vermoeid.
Ontsluiten de benen,
van 't vliegen verkrampt.

De kop heffen,
hals boven 't water.
Ademen de lucht,
kop onder wolken.

De benen bedekken.
De handen ontbloten.
Het lichaam vergeten.
Uitspreiden op de oever.

Om te drogen in de wind.
De lucht weze genodigd.
Zij weze onze gast.

Geblazen het zout.
Weids smaakt het water.
Wij proeven de grond.

Land

Land. Land unter.
Land unter den Füßen.
Der Flug beendet.
Die Fahrt vorbei.

Wir falten die Arme,
vom Schwimmen ermüdet.
Entriegeln die Beine,
vom Fliegen im Krampf.

Heben den Kopf,
Hals Über das Wasser.
Atmen die Luft,
Kopf unter Wolken.

Die Beine bedecken.
Die Hände aufdecken.
Den Körper vergessen.
Ausbreiten am Ufer.

Zum Trocknen im Wind.
Die Luft sei geladen.
Sie sei unser Gast

Geblasen sei Salz.
Weit schmecke das Wasser.
Wir schmecken den Grund.

Wilfried Bienek

De scheepsherstellers

De mannen van de Cockeril
speciaal waren ze
en sterk
werken dat ze konden
en staken
en alles dat kapot was maken
feesten dat ze konden
vrachtwagens vol bier
geleverd door mijn bompapa
die was van hier
en eten à volonté
allez
drink er nog eentje mee

maar dan - dan
kwam Japan
het geharde staal werd duur
het leven hard en zuur
verloederd verloren verlaten
ligt het daar
vergane glorie bij de stroom
teloorgang en
verrijzenis van een droom

Die Schiffsbaujungs

Die Männer von der Cockerille
speziell waren sie
und stark
malochten bis zum Umfallen
und streiken auch
und alles das kaputt war das machten sie fertig
feiern bis zum Abwinken
Kastenwagenpalletten voll Bier
geliefert von mei'm Großvater
der war einer von hier
und Fressen alles inklusiv
zack, zack
trink noch ein' mit

aber dann - dann
kam Japann
der harte Stahl wurd' teuer
das Leben hart und sauer
verludert verloren verlassen
liegt se da die
vergang'ne Glorie an des Flusses Raum
verschwindend und
wiederauferstehend vonnem alten Traum

Annmarie Sauer

TO THE LIGHTHOUSE

De liefde
verliest
haar getijden.

Dat wegebben blijft
ons bij, versteend
op de oever.

Nooit
halen we
morgen.

ZUM LEUCHTTURM

Die Liebe
verliert
ihre Gezeiten.

Das Wegebben bleibt
uns erhalten, versteinert
auf dem Ufer.

Nie
holen wir
das Morgen.

Roger Nupie

Pelsaert verlaat de rede van Texel
(28.X.1628)

Losgeweekt, de kade wijkt
schuim en meeuwen dekken je
de wal roept, wuift
de wind verinnigt het konvooi
op niemandswater schittert
het goud van visioenen

Bloeimaand, koortsig lig je
weggekeerd, je gezag leeg
als je uniform dat meewiegt:
broei van tweespalt in de kooien
voor het schip op riffen splijt
je mannen moordend muiten

Bestand tegen storm en piraten
niet tegen de rotting van verraad
koers je argeloos trefzeker
naar de kluwen van het kwaad

Pelsaert verläßt die Reede von Texel
(28. Oktober 1628)

Abgelöst, der Kai er schwindet
Schaum und Möwen bedecken dich
der Wal ruft, winkt
der Wind verschmelzt den Konvoi
auf Niemandswasser glitzert
das Gold von Vision

Blühmonat, fiebrig liegst du
weggedreht, dein Respekt leer
wie deine Uniform die mitwiegt:
brütender Zwiespalt zwischen Koien
für das Schiff auf Kliffen splittert
deine Männer mordend meutern

Bestehend gegen Sturm und Piraten
nicht gegen das Verrotten mit Verrat
steuerst du arglos zielgericht
zum Knotenwerk von böser Saat

Job Degenaar

De eeuwige zee

De ziel
alleen op
verre horizonten
zo ver gaat
mijn liefde
marsmensen landen
triest en scherp
met roestrode zeilen
en zwarte mast
over donkere onbekende
wateren van de oceaan
tussen mij en dood
ligt een dunne veer
en twee hoge ogen
Monsters verklaren
de verhalen
verslikt in een kroes
de eeuwige vrouw
oh jij sailor
dell the truth
Spiegel je
Vliegende Kapitein
van het dek
Schijt op de wind
Vloek het weg
Laat ons zeilen
tot het einde der dagen
zonder ooit te sterven

Die ewige See

Die Seele
allein auf
weiten Horizonten
so weit geht
meine Liebe
Marsmenschen landen
traurig und scharf
mit rostroten Segeln
und schwarzen Mast
über dunklen unbekannten
Wassern vom Ozean
zwischen mir und tot
liegt eine dünne Feder
und zwei Hohe Augen
Monster erklären
die Geschichten
verschluckt im Krug
die ewige Frau
oh du sailor
dell the truth
Spiegel dich
Fliegender Kapitän
vom Deck
Scheiß auf Wind
Fluch es weg
Laß uns segeln
bis zum Ende der Tage
ohne je zu sterben

Fred Schywek

Vrijbrief

Zing 'mijn stad, open u' – vier torens in
                            de wind die krimpt
wees welkom en Salaam Alaykum – ook wie thuisloos is
gehavend of in de goot: *trapt 't af, pakt auwen boel*
of: *schat, ne koffe? Hier, een warme zjat* –

Zo dacht ik te beginnen maar de meeuwen streken neer
als boekaniers, o schoon verdiep – het volk beneden u
bij onze woordenkraam, de kathedraal een baken; zie
daar rijst voor ogen poëzie, de spandoek van ons Fien

Zo dacht ik te beginnen maar de geur van gaarkeukens
kroop met de Scheldelucht in mijn gedicht, een stem die sprak

Zijn kop was als een boot: 'Langs alle kanten voelt ge wind
die waait door 't hart van 't Stad, van Jef en zijn Marie tot Mo.
't Is toch zo simpel, luister goed: HIER KOMT DE STAD
DICHTER.'

WIE JE NIET ZIET OP STRAAT,
BEN IK, DIE NAAST JE GAAT.

DE SCHIPPER ZONDER BOOT,
DE ZEILER ZONDER WIND.

DE SCHILDER ZONDER VERF
DE SCHRIJVER ZONDER WOORDEN.

HIJ DENKT ER HET ZIJNE VAN,
DE ZWERVER DIE NIET SLAPEN KAN.

Geef daarom ook jouw woord aan onze stad en teken hier

Freibrief

Singe >Meine Stadt, so öffne dich< - vier Türme im
                                       Wind im Schwinden
sei willkommen und Salam Alaykum - auch für die ohne Heim
im Hafen oder in der Gosse: *Hau ab nimm dein Zeugs*
oder: *Schätzchen, ein Kaffee? Hier, ein warmes Tässken* -

So dachte ich zu beginnen aber die Möwen stürzen nieder
als Räuber der See, oh schöne Etage - das Volk unter euch
bei unserer Wörterkrämerei, die Kathedrale eine Boje; schau
da geht vor Augen auf die Poesie, das Spanntuch uns Finchen

So dacht ich zu beginnen doch Geruch von Garküchen
kroch mit Scheldeluft in mein Gedicht, eine Stimme die sprach

Sein Kopp war ein Boot: >An allen Kanten fühlste der Wind
durchs Herz der Stadt er weht, von Jef mit sein Marie zu Mo.
et is so einfach, hör gut zu: HIER KOMMT DER STADT DER
DICHTER.<

WEN DU NICHT SIEHST AUF DER STRASSE,
ICH BINS, DER NEBEN DIR GEHT.

DER SCHIFFER OHNE BOOT,
DER SEGLER OHNE WIND.

DER MALER OHNE FARBE,
DER SCHREIBER OHNE WORT.

ER DENKT DA DAS SEINE,
DER OBDACHLOSE DER NICHT SCHLAFEN KANN.

Darum gib auch dein Wort für unsre Stadt und zeichne, hier

Peter Holvoet-Hanssen

WIE JE NIET ZIET OP STRAAT,
BEN IK, DIE NAAST JE GAAT.

DE SCHIPPER ZONDER BOOT,
DE ZEILER ZONDER WIND.

DE SCHILDER ZONDER VERF
DE SCHRIJVER ZONDER WOORDEN.

HIJ DENKT ER HET ZIJNE VAN,
DE ZWERVER DIE NIET SLAPEN KAN.

WEN DU NICHT SIEHST AUF DER STRASSE,
ICH BINS, DER NEBEN DIR GEHT.

DER SCHIFFER OHNE BOOT,
DER SEGLER OHNE WIND.

DER MALER OHNE FARBE,
DER SCHREIBER OHNE WORT.

ER DENKT DA DAS SEINE,
DER OBDACHLOSE DER NICHT SCHLAFEN KANN.

Peter Holvoet-Hanssen

Chapter I
Driftwood

Never without harbour

Without harbours boats wouldn't know where to go.

Access from water to land, from sea to the home.
Gray city walls. Home behind quays. The steadfast fortress.
The harbour city of people on lifelong anchors.

Stinging the fish stands in the water, never smells itself.
Seagulls fish out of turbid vapours, ghosts after their ships.
After each flood low tide with a new crew.

Rats stay, but people sink off board to the bottom.
The seaman hoists his brides next to the ship.
                                        Then he fans the storm in
the hearts, not yet beating, for soon.

Take me along captain on container. Doesn't the harbour
fill all? Silent machines. People under steam. Ships
with canopies and killing equipment port free Villa Villekulla.

The other side or long side. Who doesn't want to go down, goes
among people and who wants dito. Insured Robinsons wait
for Friday who never leaves what he is: an island.

Without harbours boats wouldn't know where to go.

Wilfried Bienek

When one has nothing
(for Brel and Mega)

Today death came to my home
assigned to self and smoke
screamed here by a fear
called by the flute on the board

today the angels for the first time
sing in the time from the big gate

Today we were at the harbour
saw flying stinking fish

saw bodies in the river
saw dark waters without mercy

today a friend died
today is dead today

were we at the sea
breaking the waves like we did before

sang songs of inebriated tipplers
red wine at the throat

Today is when one has nothing
when the bird turns bear your mother never 'd been

in the crackle of dying flames
in the drumming of Black Hans
the images of early dances
today death is my guest
and he took himself
too early &
without mercy
without music
so cold as the cold river
up there

there were summers
common wide roads

is up there
after all the world

there was coal slime
there was saxophone
there was

there is something
wrong

when one has nothing
but life

Fred Schywek

Saturated water
saturated sand
high & low skies
in each land

The cusp of feeling good
resists ebb and flood
mooring bollards & fender force
alleviate
what's sad & sorrow

Unlocking of the heart
in salt & in sea
Columbus
Marco Polo
Vasco da Gamma
what story
did you bring
what seething sigh
of hearts on fire
what word
in the language of water
& sand

Annmarie Sauer

48

Embarkation

Oh seadog look for me
among the stowaways,
among experienced captains
and the young skippers.

Oh sea mate, embark me
I want to sail with you
beacon your river,
and hoist your flag.

Oh sea bloke, already I hear
your boatman's whistle
I see your ships lantern,
feel your coming on board.

Oh seaman, load my boat
lift up my rotor,
turn my rudder,
feel my bachelor's knot.

Oh sea stud, your deck mate
I shall be
and now, all hands,
ahoy, sail through the sea gate.

Roger Nupie

Saltscraper Expeditions

growing steady in number and burden (...) aye don't go on –
$$\text{implored Vondel}$$

the sea she saw red with jellyfish attacking salmon
the beach there washed poems ashore no not of my wreck
I had failed not even a snatch of melody or anything to disappear
in the sun lost but this poem sunk its teeth in the dust
this split up open land flat salt land but its splendour of clouds

the skin of the poem allergic to being pawed
the salt pearled on the verses she was silent
I am called beynashmoshes
without capital so beynashmoshes had to be the title
I didn't understand her but that was good I caressed her
two quatrains she startled I was her sharp pain
she broke in my hand I fell apart with her

her song a swan not of ice but of snow her throat
would split if I were to stare in these eyes beynashmoshes
my lost song missing reveal your threefold
symmetry that I thought is my last airway *forgive me*
I sang with the plaintive voice of Anthony and she spoke
chiselling in my sepulchre *concessio perpetua*
burial wings chopped off
beynashmoshes

beynashmoshes firt on di nakht.
khoyshekh es blit un umet fartrakht.
kemat nelm gevorn, di zun nokh hert
voyen dos harts az zi iz bagert.

50

moreshkhoyredik, di levone vakht oyf.
hefker iz zi, dos benken hert oyf.
gor on a krekhts, di fintster nor hert
ziftsn dos harts az dos iz bashert.

beynashmoshes I thanked but she held me in rigor mortis -
thus fired a machine gun on the party-
                                    revelry thus I fell into that night

Peter Holvoet-Hanssen

What evening does to a harbour

Weightless glistening water
harbour lights sway
fishing boats lay
anchored in blue

A man, stock-still heron
sits cast in bronze
in his hand a landing net
leaking oiled daylight

he moves, swipes
a splash, yet nothing
but his silhouette, the net
and the frowning of the river

So empty it has now become
that someone sprinkles stars
and the intimate rumour hails me
in flurries floating in from bars afar

Job Degenaar

Chapter 2
Tide

now Rilke is on cloud nine but lands
since Achmatova's surf turns to sand
now for the velvet storm boy and his bird
seaward, 'cos nobody hears their song

ah, those A's burned themselves
skipper, skipper take me along
on coaxing clouds and raging sea
thunderbird sing a word nest to be

the metaphor is never reality
smack away your teeth you with bones of fish
oh, yeah, Rotterdam is my first love
the new model a circle and you, fish head, get hit

What would be seas without harbours?
Just empty of people and a utopia of continents.
Never we'd be the salt of the earth.
The seagull rules - humanity never ever.

No harbour without on its quays the sweltering
of unfulfilled dreams. Come embark, come along
No urge so deeply anchored in us than that
towards boundless distances, the restless sea.

Seaworthy I am, drag in my barge,
check out my horny hollows, my sweat sea urge!
Oh sea, oh seaman, do I reach your boundless other side
or do I remain eternally on a fading firm shore.

Look now the storm in its still eye
in this finite hour when it speaks
the ships shiver whining in the wind
the harbour rests till the wall breaks

In the sharp shadow of the ship
waterlogged waiting on the quay
with watery eyes in the spring wind
the land rat lives where floods begin

No poet seeks to break the dykes, but to
raise, as verses have to stir up unrest
Raise to our lips, sea settle down again:
who never turned the tide has not lived

How homesickness howls when landlocked
I am! Everywhere shortness of breath!
Aye! Not ever no more wide waters
that wouldn't give way!

endless love on the bottom of the sea
a friend of this shining of times that speak
that is important you seagull of this phase
repair, hello, your brain then this week

now for the velvet storm boy and his bird
seaward, because nobody hears their song
blackbird, blackbird, blackbird shadow of the wind
no harpoon hits our sounds of harbour's quint

Charles Kléber

Chapter 3
Harbour Island

Land

Land. Land under.
Land under feet.
Ended the flight.
Over the voyage.

We cross our arms,
tired of swimming.
Unlock the legs
cramped by flying.
To lift the head,
neck above water.
To breathe the air,
head under clouds.

Legs under cover
on the cover the hands.
Forget the body.
Spread on the shore.

To dry in the wind.
The air be invited,
to be our guest.

Blown the salt.
Wide was the taste of water.
We tasted the bottom.

Wilfried Bienek

The ship repairers

The men working for Cockeril
were special
and strong of will
and working that they did
and strike
and all that was broke they could repair
and partying they did
lorries full of beer and fare
delivered by the grandpapa
who was from there
food as much as you can think
come on take another drink

but then - oh man
arrived Japan
the price got too high for hardened steel
life hard and dour
forlorn - forsaken - forgotten
it lays there
faded glory by the stream
loss and
resurrection of a dream

Annmarie Sauer

TO THE LIGHTHOUSE

Love
looses
its tides.

This ebbing away stays
with us petrified
on the shore.

Never
we'll make it
to tomorrow.

Roger Nupie

Pelsaert leaves the quay of Texel
(10.28.1628)

Soaked off, the quay recedes
foam and seagulls cover you
the shore calls, waves
the wind bonds the convoy
on no mans water shines
the gold of visions

Buds of spring, feverish you lay
turned away, your authority empty
like your uniform bobbing along
festering discord in the berths
before the ship cleaves the rocks
your men in murdering mutiny

Withstanding storms and pirates
yet not the rot of treason
you irreproachably accurate course
into the tangled evil season

Job Degenaar

The eternal sea

The soul
alone on
wide horizons
so far goes
my love
Martians land
sad and sharp
with rust red sails
and black mast
over dark unknown
waters of the Ocean
between me and dead
lies a thin feather
and two High Eyes
monsters explain
the stories
swallowed in the goblet
the eternal woman
oh you skipper
dell the truth
Mirror yourself
Flying Captain
of the Deck
Shit on the wind
curse it away
let's sail
till the end of days
without ever dying

Fred Schywek

Charter

Sing 'my City, open up' - four towers in the backing wind
be welcome and Salaam Alaykum - also who is homeless
down and out or on skid row: *get out, get your stuff*
or: *dear, a cupper? Here, a warm mug* -

So I thought I would begin but the seagulls settled down
like buccaneers, o stately floor - the folks down there
at our stand of words, the cathedral a beacon; see
there before your eyes poetry unfolds, the banner of our Fien

So I thought I would begin but the smell of soup kitchens
crawled with the air of the Scheldt into my poem, a voice spoke

His head was a boat. 'On all sides you feel wind
blowing through t' heart of t' city, of Jef and his Marie and Mo
Yet it's so simple, listen: HERE THE CITY SCRIBES ON
YOUR SKIN.'

THE ONE YOU DON'T SEE IN THE STREET,
IS ME, WALKING BY YOUR SIDE.

THE SKIPPER WITHOUT SHIP,
THE SAILOR WITHOUT WIND.

THE PAINTER WITHOUT PAINT,
THE WRITER WITHOUT WORDS.

HE HAS HIS OWN IDEA,
THE DRIFTER WHO CAN'T FIND SLEEP.

So then pledge your voice too to our city and sign here

Peter Holvoet-Hanssen

Opmerkingen, Anmerkungen, Remarks

Als men niets heeft: een ode aan Europese chansonniers, naar aanleiding van de 80^e verjaardag van **Jacques Brel**. 1^e openbare presentatie: **Salon 12b**, dec 2009, Antwerpen. 1^e publicatie op de website van **Fondation Jacques Brel**, Brussel. **Wenn man nichts hat** ist auch eine Ode an europäische Chansonsänger insbesondere an Jacques Brel und Tom Mega. **When one has nothing (for Brel and Mega)**: Ode to European singer/songwriters, at the occasion of the 80th birthday of **Jacques Brel**. First public presentation: **Salon 12b**, December 2009, Antwerp. First publication on the website of the **Jacques Brel Foundation**, Brussels.

Zoutkrabberexpedities: *beynashmoshes:* Jiddischist / klezmermuzikant Ridder **Jan Robberecht** vertelt over *beynashmoshes* zonder Hoofdletter: *beynashmoshes* betekent *schemer*. De vernielende schemerzone tussen nooit in de zon zelf te kunnen kijken, maar enkel te zien wat haar stralen toelaten, en de niets verhullende maan als haar grillige weerspiegeling omgeven door duisternis.

Salzkratzer Expeditionen: *beynashmoshes* bedeutet eine Zone zwischen Dämmerung und Dunkelheit.

Saltscraper Expeditions: *beynashmoshes:* Yiddishist/ Klezmer musician knight **Jan Robberechts** tells about *beynashmoshes* not capitalised: *beynashmoshes* means twilight. The destructive twilight zone between never being able to look into the sun itself, but only to see what her rays permit, and the nothing hiding moon as her capricious reflection shrouded by darkness.

Pelsaert verlaat de rede van Texel: Hij was de commandeur van het VOC-schip De Batavia **verläßt den Kai von Texel**: Er war Kommandeur des Schiffes der ostindischen Kompanie, auf der legendären **De Batavia**. **Pelsaert leaves the quay of Texel:** He was commander of the *United East India Company* ship *The Batavia*.

Pelsaert verläßt den Kai von Texel: Er war Kommandeur des Schiffes der ostindischen Kompanie, auf der legendären **De Batavia**.
Vrijbrief is het eerste stadsgedicht van Peter Holvoet-Hanssen, gevolgd door: Geef daarom ook jouw woord aan onze stad en teken hier -Antwerpen, 28 januari 2010. Peter Holvoet-Hanssen M.M.V. MARC PURNAELS, troubadour van Ekeren. **Freibrief** ist das erste Stadtgedicht des Antwerpener Stadtdichters **Peter Holvoet-Hanssen**. **Charter** is the first poem for Antwerp of the city poet laureate **Peter Holvoet-Hanssen**.

Charles Kléber is de naam waaronder de zes dichters van **Havenklanken Tij** schreven. Bij de samenstelling ervan was gedeeltelijk een volgorde bepaald om het gedicht van start te laten gaan en waar voor het overige de volgorde van ontvangst werd gerespecteerd, behalve voor het eerste kwatrijn en het laatste. **Charles Kléber** ist das Pseudonym der sechs Dichter/innen für das kooperative Werk **TIJ**. **Charles Kléber** is the name under which the six poets of **Sounds of Harbour** wrote **Tide**. In composing the poem a partial order was decided to start of the poem. For the rest the order of reception of the texts was respected, except for the first four and the last four lines.

HAFENKLÄNGE *HAVENKLANKEN *SOUNDS OF HARBOUR
Produktion/Zusammenstellung/Composition
Fred Schywek
Übersetzungsprojekt Flußschiffahrt-Binnenvaart
Übersetzung/Vertaling/Translation
E/NL   Annmarie Sauer - Dank an Andrew Bolton
D   Fred Schywek

BIO & BIBLO

Wilfried Bienek
*1949, DE, Schiltberg in Beieren
Biblio: **Winterwende** (Winter solstice); 1979.
Freibleibend bleifrei (Vrijblijvend loodvrij - Duty free lead free) 1986. **ADLER** (Arend - Eagle); 1980.
BLOCKSATZ; 2010. **Blackbox**; 2010.

Job Degenaar
*1952, NL, Dubbeldam
Biblio: **Bericht voor gelovigen** (Bericht für die Gläubigen - Message for believers); 1976. **Het wak** (Dünnes Eis - Thin Ice); 1980. **'t Vlak ligt klaar** (Flach liegt klar - The surface is ready); 1989. **De helderheid van morgens** (Hellheit der Morgen - Clarity of mornings); 1992. **Van de arena en het lastdier** (Arena und das Lasttier - Arena and animal of burden); 1995. **Dus dit is zomer** (So ist es also Sommer - So this is summer), 1998; **Huisbroei** (Hausbrut - House brooding); 2003. **Handkussen van de tijd** (Handküssen der Zeit - Handkisses of Time); 2009.
Ich bin I am (2010). **PEN NL - Writers in Prison.**

Peter Holvoet-Hanssen
*1960, BE, Antwerpen (Merksem)
Biblio: **Dwangbuis van Houdini** (Zwangsjacke des Houdini - Straightjacket of Houdini). 1998. **Stromboliccio - uit de smidse van Vulcanus,** (Stromboliccio - aus der Schmiede des Vulkanus - from the smithy of Vulcanus); 1999. **Santander - ontboezemingen in het vossenvel** (Entherzungen in den Fuchspelz - outpourings in the fox hide); 2001. **2010/12 Stadsdichter Antwerpen.**

Roger Nupie
*1957, BE, Keerbergen
Biblio: **Ivoren weemoed** (Wehmut in Elfenbein - Ivory Nostalgia), 1983. **Zo verander je van lichaam** (So veränderst du Körper - So you change bodies), 1989; **Abrikozen voor Ali,** (Aprikosen für Ali - Apricots for Ali), 2005 .

Annmarie Sauer
*1947, USA, Dayton, Ohio
Biblio: **Voor Vrienden** (Für Freunde - For friends); 1985. **Jardin Public**, 1990-91. **Wevers tussen twee werelden** (Webende zwischen zwei Welten - Weavers between two Worlds); 2004. **Werkwoorden, Werkworte, Workbook** (2010). **Spuren Sporen Traces**; 2010. PEN VLAANDEREN - **Writers in Prison BE** .

Fred Schywek
*1960, DE, Kamp-Lintfort, Niederrhein
Biblio: **Kalte Stadt und alte Lyrik** (Koude stad en oude Lyriek-Cold city and old Poetry, **Gesammelte Gedichte 1990-1999**; 2000) **Neun Momente** (Negen momenten-Nine Moments, **Gesammelte Gedichte II, 2000-2009**; 2010); **Felsenleiter** (Rotsenladder); 2010. **Rockstairs** (D/E); 2010. **Weiße Mühle** (Witte molen-White Mill); 2010.

ruhrgebiet 2010
übersetzungsprojekt flußschiffahrt-binnenvaart

world internet books
Anthologien Bloemlezingen Anthologies
edition millennium europa

Grenzland I Werkbuch (2009)
Hafenklänge Havenklanken
Sounds of Harbour (2010)
Wilfried Bienek Fred Schywek Annmarie Sauer
Roger Nupie Peter Holvoet-Hanssen Job Degenaar
Charles Kléber
Hafenklänge Zwei Havenklanken II
Sounds of Harbour II
SONS du PORT II (2010)
Patrick Argenté Olivier Cousin
Paul Gellings Alain Jégou
Die Liebe in Holland und Flandern
De Liefde in Holland en Vlaanderen
Love in Holland and Flanders (2010)
Catharina Boer Marleen de Crée Marleen De Smet
Hilde Pinnoo Annie Reniers Annmarie Sauer
Lucienne Stassaert Rose Vandewalle Lief Vleugels
Kammergedanken Kamergedachten
Chamber thoughts (2010)
Rutger Kopland Manfred Schmeling
Menno Wigman Job Degenaar Noelle Vial
Fred Schywek Stefaan van den Bremt
Paul Gellings Hilde Pinnoo Wilfried Bienek
Annmarie Sauer Lucienne Stassaert   e.a. a.o. u.a.

ruhrgebiet 2010
übersetzungsprojekt flußschiffahrt-binnenvaart

Satz Ankersatz Duisburg